D1924340

Der kleine Bücherbär Erster Lesespaß in Farbe

Ingrid Kötter
schreibt Hörspiele, Fernsehspiele und Kinderbücher.
Ihre Kinderbücher wurden mehrfach ausgezeichnet.
So erschien „Alle sagen Neuer zu mir“ auf der Auswahlliste
zum Deutschen Jugendbuchpreis.

Weitere Kinderbücher von Ingrid Kötter,
erschienen im Arena Verlag:
„Alle sagen Neuer zu mir“ (Taschenbuch Band 1736)
„Die Kopftuchklasse“ (Taschenbuch Band 2049)
„Von Supereltern kannst du träumen“ (Taschenbuch Band 1646)
„Willi Wasserkatze“ (Taschenbuch Band 1778)
„Cocker & Co., Detektivbüro“
„Cocker & Co., Diebe im Zoo“

Weitere Kinderbücher erschienen in der Benziger Edition im Arena Verlag:
„Sebastian und die Riesenblume“
„Mädchen sind klasse!“

Gabriele Hafermaas
wurde 1940 in Berlin geboren. Sie absolvierte
von 1960 bis 1963 ein Grafikstudium in Mainz und Kassel, von 1974 bis 1980
zusätzlich ein Pädagogikstudium. Seit 1980 illustriert sie Schul- und Sachbücher,
Bilderbücher und Kinderbücher. Für ihre Illustrationen in dem Buch
„Bisonjäger und Mäusefreunde“ wurde sie 1986 mit dem Deutschen
Jugendliteraturpreis ausgezeichnet.

Ingrid Kötter

Kroko beim Zahnarzt

Mit farbigen Bildern von
Gabriele Hafermaas

BENZIGER EDITION

Die Deutsche Bibliothek – CIP-Einheitsaufnahme

Kroko beim Zahnarzt / Ingrid Kötter.
Mit farb. Bildern von Gabriele Hafermaas
– 1. Aufl. – Würzburg: Benziger Ed. im Arena Verl., 1994
(Der kleine Bücherbär)
ISBN 3-401-07166-1
NE: Kötter, Ingrid; Hafermaas, Gabriele

1. Auflage 1994
© Benziger Edition im Arena Verlag GmbH,
Würzburg 1994
Alle Rechte vorbehalten
Einband und Illustrationen: Gabriele Hafermaas
Gesamtherstellung: Chemnitzer Verlag und Druck GmbH,
Werk Zwickau
ISBN 3-401-07166-1

1. Kapitel

Mutter ruft:
„Komm, Peter!
Du mußt zum Zahnarzt.
He! Wo bist du?“
Peter antwortet nicht.
Er hockt im Kinderzimmer
und wühlt in der Kiste
mit den Handpuppen.

Er überlegt:
Der Kasper ist schlagfertig.
Der Teufel ist gerissen.
Das Krokodil ist bissig.
Peter streift sich
das Krokodil
über die rechte Hand.

Mutter kommt ins Kinderzimmer.
Sie legt einen Arm
um Peters Schultern und sagt:
„Heute machst du
bei Doktor Mader den Mund auf.
Nicht wahr?“

Peter preßt die Lippen
fest zusammen.
Er drückt das Krokodil an sich.
Er betrachtet das Maul
mit den riesigen Zähnen.
Er sagt: „Kroko muß mit."
„Na gut", meint die Mutter.
„Aber nun komm
endlich!"

2. Kapitel

Peter und seine Mutter
sitzen im Bus.
Peter rutscht
auf seinem Sitz
unruhig hin und her.
Der Zahnarzt wollte
beim letzten Mal
schon bohren.
Das Krokodil auf Peters Hand
klappert leise mit den Zähnen.
Mutter flüstert:
„Keine Angst!
Du kennst doch Doktor Mader.
Er ist sehr nett.“
Na und? denkt Peter.
Zahnarzt bleibt Zahnarzt.

Er atmet tief durch
und stellt sich vor,
er wäre ein Riese.
Ein Riese hat
keine Angst vor dem Zahnarzt.
Ein Riese würde
zu seiner Mutter sagen:
„Hau ab!
Ich brauche dich nicht.
Mit dem Zahnarzt
werde ich alleine fertig.“
Doch Peter ist leider kein Riese.
Plötzlich sagt Peters Mutter:
„Noch eine Haltestelle.“

3. Kapitel

Peter und seine Mutter
steigen die Treppe
zum Zahnarzt hinauf.
Peter bleibt stehen.
Mutter will ihn weiterziehen.
Es geht nicht.
Das Krokodil auf Peters Hand
beißt ins Treppengeländer.
Ein älteres Ehepaar
kommt die Treppe herauf.

Es sind Herr und Frau Ackermann.
Sie wohnen neben der Schule.
Frau Ackermann drängt sich
an Peter vorbei.
Herr Ackermann bleibt
hinter ihm stehen.
„Komm, Albert!“
sagt Frau Ackermann.
Sie zwinkert Peters Mutter
im Vorbeigehen zu
und flüstert:
„Heute warte ich mit.
Sonst kommt mein Mann
wieder nach Hause
und sagt:
‚Es war zu voll im Wartezimmer.‘
Mein Mann ist nämlich
ein Angsthase.“

Herr Ackermann lächelt verlegen
und dreht
an einem kleinen Plastikteil
in seinem rechten Ohr herum.
Als Peter
Herrn Ackermann fragen will,
ob man sich damit
Mut machen kann,
klingelt Frau Ackermann
an der Tür mit dem Schild

Peter versteckt sich
hinter seiner Mutter.
Das Krokodil versteckt sich
hinter Peters Rücken.

4. Kapitel

Peter und seine Mutter
sitzen im Wartezimmer.
Dort sitzen schon
ein dicker Mann im dunklen Anzug
und ein Mädchen
mit langen, blonden Haaren.
Der dicke Mann liest.

Das Mädchen zieht sich
eine Haarsträhne durch den Mund.
Herr und Frau Ackermann
setzen sich neben Peters Mutter.
Etwas später kommen noch
ein junger Mann
und ein junges Mädchen
ins Wartezimmer.
Der junge Mann blättert
in einer Illustrierten.
Niemand sagt ein Wort.

5. Kapitel

Es ist still im Wartezimmer.
Unheimlich still.
Peters Herzklopfen
ist lauter
als das Ticken der Wanduhr.
Das ist ja nicht auszuhalten!
Peter baumelt mit den Beinen.
Seine Füße schlagen
gegen die Stuhlbeine.

Frau Ackermann zuckt zusammen.
Peter freut sich und denkt:
Gleich sagt sie was.
Nichts da.
Frau Ackermann
schüttelt den Kopf
und macht: „Ts, ts, ts.“

Peter baumelt nicht mehr
mit den Beinen.
Jetzt haut das Krokodil
mit der Schnauze auf den Tisch.
Der dicke Mann sieht Peters Mutter
giftig an und fragt:
„Ohne Lärm geht es wohl nicht,
was?“

„Ich mache keinen Krach.
Kroko macht Krach“,
behauptet Peter
und macht weiter.
Seine Hand im Krokodilkopf
tut schon richtig weh,
so fest haut er zu.

Mutter zerrt
an der Handpuppe herum.
Sie will sie haben.
Peter soll damit
keinen Krach mehr machen.
Sie sagt:
„Nimm dir ein Beispiel
an dem Mädchen
mit den blonden Haaren.
Das wartet geduldig.
Das ist mutig.
Das geht ganz allein
zum Zahnarzt."

6. Kapitel

Das Mädchen nimmt
die Haarsträhne
aus dem Mund
und grinst breit.
Peter reißt Mutter
mit festem Ruck
das Krokodil aus der Hand.
Er streckt dem Mädchen
die Zunge heraus
und rutscht unter den Tisch.
Kroko auf Peters Hand
betrachtet interessiert
die Schnürbänder
in den Schuhen ringsum.
Die großen schwarzen Schuhe
gehören zum dicken Mann.

Peter erkennt
die dunklen Hosenbeine.
Das Krokodil öffnet das Maul.
Es schnappt nach dem Schuhband
und zieht vorsichtig daran.
Langsam löst sich die Schleife.
Peter flüstert unter dem Tisch:
„Prima gemacht. Toll, Kroko!“
Jemand stöckelt ins Wartezimmer.
Peter sieht schlanke Beine.
Er denkt:
Die gehören zu Fräulein Krüger,
der Sprechstundenhilfe.
Richtig geraten.
Fräulein Krüger gibt dem Mädchen
mit den langen, blonden Haaren
einen Schein
für den Schulzahnarzt.

Das Mädchen geht.
Peter schiebt sich mit dem Krokodil
unter dem Tisch hervor und ruft:
„Die mußte ja
gar nicht zum Zahnarzt!
Da kann die leicht mutig sein.“
Herr Ackermann lächelt zustimmend.

7. Kapitel

Peter geht auf
Herrn Ackermann zu.
Kroko auf Peters Hand
schnuppert an dem Plastikteil
in Herrn Ackermanns Ohr herum.
Es fragt: „Was ist das?“
Kroko hat eine tiefe Stimme.
Kroko spricht durch die Zähne.
Herr Ackermann erklärt:
„Das ist mein Hörgerät.
Ich höre schlecht.
Aber mit dem Gerät
höre ich gut.“
Nun will Kroko wissen:
„Können Sie auch
schlecht sehen?“

Als Herr Ackermann
den Kopf schüttelt und lacht,
fragt Kroko schnell:
„Spielen wir ‚Ich sehe was,
was du nicht siehst‘?“
Herr Ackermann nickt.

Er sieht sich um und sagt:
„Ich sehe was,
was du nicht siehst,
und das ist aus Gold.“
„Wo ist Gold?“ brummt Kroko.
Es schaut hinter die Zeitung
vom dicken Mann.
„Die Krawattennadel?“
fragt Kroko.
Herr Ackermann nickt begeistert.
Der dicke Mann schimpft:
„Kann man denn hier nicht mal
in Ruhe seine Zeitung lesen?“

8. Kapitel

Die Sprechstundenhilfe
öffnet die Tür zum Wartezimmer.
Der dicke Mann ist an der Reihe.
Er geht ins Sprechzimmer.
Dabei tritt er auf sein Schuhband.
Er stolpert.
Peter erschrickt.
Er sieht sich um.

Die jungen Leute
grinsen breit.
Herr Ackermann schmunzelt.
Frau Ackermann
verbeißt sich das Lachen.
Peters Mutter
kichert in sich hinein.
Der dicke Mann
bindet sich den Schuh zu.
Er sieht alle
wütend an.
Peters Mutter
zieht Peter
auf den Stuhl
neben sich.

9. Kapitel

Peter und seine Mutter warten.
Der dicke Mann ist schon lange
beim Zahnarzt im Sprechzimmer.
Leise Bohrgeräusche sind
zu hören.
Peter hält sich die Ohren zu.
Der junge Mann spricht ihn an.
„He, du!“ sagt er.
„Kennst du
das Spiel ‚Kofferpacken‘?“
Peter kennt das Spiel.
Er nimmt die Hände von den Ohren
und fängt sofort an:
„Ich packe meinen Koffer
und packe ein:
eine Zahnbürste.“

Mutter macht mit.
Sie sagt:
„Ich packe meinen Koffer
und packe ein:
eine Zahnbürste
und einen Kamm."

Herr Ackermann sagt:
„Ich packe ein:
eine Zahnbürste, einen Kamm
und einen Rasierapparat."

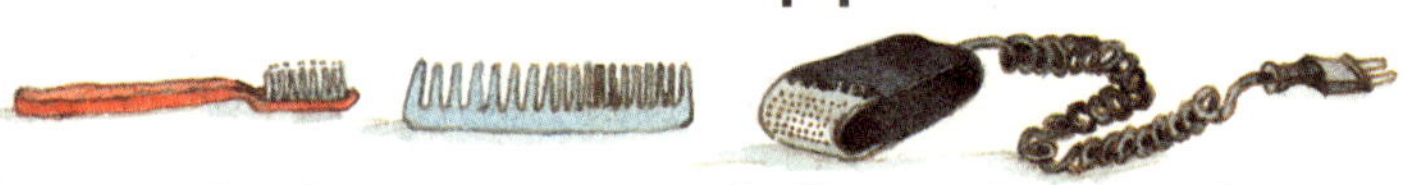

Frau Ackermann hüstelt verlegen
und sagt:
„Ich packe ein:
eine Zahnbürste, einen Kamm,
einen Rasierapparat
und eine Brille."

Der junge Mann sagt:
„Ich packe ein:
eine Zahnbürste, einen Kamm,
einen Rasierapparat, eine Brille
und ein Taschentuch."

Das junge Mädchen sagt:
„Ich packe ein:
eine Zahnbürste, einen Kamm,
einen Rasierapparat, eine Brille,
ein Taschentuch
und ein Schuhband."

10. Kapitel

Peter ist wieder an der Reihe.
Es ist sehr schwer,
alles zu wiederholen.
Er beginnt:
„Ich packe meinen Koffer
und packe ein:
eine Zahnbürste, einen Kamm,
einen Rasierapparat,
eine Brille . . .“
Da weiß er nicht weiter.
Er rät: „Spiegel? Schere?“
Kopfschütteln ringsum.
Alle versuchen zu helfen.
Stumm natürlich.
Sie putzen sich ohne Taschentuch
die Nasen.

Sie prusten dabei und lachen.
In dem Augenblick
kommt der dicke Mann
ins Wartezimmer zurück.
Er und die Sprechstundenhilfe
sehen sich erstaunt um.

„Taschentuch!“ schreit Peter
und wirft Kroko in die Luft.
Jetzt fehlt noch eine Sache.
Alle bücken sich und tun so,
als ob sie sich
einen Schuh zubinden müßten.

11. Kapitel

Der dicke Mann
wird knallrot im Gesicht.
„Sehen Sie selbst!“
sagt er zu Fräulein Krüger.
„Lauter Verrückte.“
Er tippt sich an die Stirn
und rennt hinaus.

„Und ein Schuhband!“
ruft Peter.
Alle lachen und freuen sich.
Frau Ackermann erklärt
der Sprechstundenhilfe:
„Wir haben ‚Kofferpacken‘
gespielt.“
„Ach so“, antwortet die
und lacht laut los.
Dabei vergißt sie fast zu sagen:
„Der nächste, bitte!“
Peter und seine Mutter
sehen sich an.
Wer ist der nächste?
Frau Ackermann steht auf und sagt:
„Komm, Albert! Wir sind dran.“
Aber Peters Mutter ruft:
„Nein, wir sind dran!“

12. Kapitel

Herr Ackermann steht zögernd auf.
Peter rutscht vom Stuhl.
Er geht zu Herrn Ackermann.
Er nimmt Herrn Ackermanns Hand.
Er geht mit Herrn Ackermann
auf das Sprechzimmer zu.
Er sagt: „Keine Angst.
Wir haben ja das Krokodil!“
Die Sprechstundenhilfe
schließt die Tür
hinter Herrn Ackermann und Peter.
Frau Ackermann und Peters Mutter
schauen sich erstaunt an.
„Na, so was!“ sagt Peters Mutter
und setzt sich.

„Das gibt es doch nicht“,
sagt Frau Ackermann
und setzt sich neben sie.
Beide starren auf die Tür
zum Sprechzimmer.

13. Kapitel

Im Sprechzimmer
fragt Doktor Mader:
„Wer will zuerst
behandelt werden?“
Herr Ackermann schaut Peter an.
Der sieht zu Boden.
„Ich!“ sagt Herr Ackermann
und setzt sich
in den Behandlungsstuhl.
Doktor Mader bohrt.
Er fragt: „Tut es weh?“
Herr Ackermann schüttelt
den Kopf.
Es scheint wirklich
nicht weh zu tun.
Es geht auch alles sehr schnell.

Der Zahn wird gefüllt.
Herr Ackermann ist fertig.
Peter wird in den Stuhl gehoben.
Das Krokodil auf Peters Hand
will den Zahnarzt beißen.
„Hilfe!“ ruft Doktor Mader.
Lachend greift er zum Bohrer.
„Es ist nur ein winziges Loch.
Mach mal den Mund auf, Peter!“
Peter kneift die Lippen zusammen.
Er denkt an seine Mutter.
Soll er schnell nach ihr rufen?
Doktor Mader kann anscheinend
Peters Gedanken lesen.

Er sagt:
„Holen Sie die Mutter von Peter,
Fräulein Krüger!“
Die Sprechstundenhilfe
will Peters Mutter holen.
Herr Ackermann
hält sie fest.
„Augenblick!“ sagt er.
„Ich erzähle Kroko
die Geschichte
vom Urwaldkrokodil.
Und du, Peter,
machst in der Zeit
den Mund auf.
Und Doktor Mader verspricht,
Peter nicht weh zu tun.“
„Geht in Ordnung“,
sagt Doktor Mader.

„Versprochen ist versprochen“,
brummt Kroko drohend
und umklammert
die Lehne des Behandlungsstuhls.
„Kroko, du bist ein Feigling!“
sagt Peter
und macht den Mund vorsichtig auf.
Er ist neugierig
auf die Geschichte
vom Urwaldkrokodil.
Doktor Mader beginnt zu bohren.
Herr Ackermann beginnt
zu erzählen.

14. Kapitel

„Das Urwaldkrokodil
hatte starke Zahnschmerzen.
Es ging zum Zahnarzt Känguruh
und sagte:
‚Ich habe ein Loch im Zahn.
Mach es zu!‘
‚Zeig her!
Zuerst muß ich bohren!‘
sagte Zahnarzt Känguruh
und holte einen Spezialbohrer
für Krokodilzähne
aus seinem Beutel.

‚Nicht bohren! Nur zumachen!'
forderte das Krokodil.
Zahnarzt Känguruh sagte:
‚Dann fault der Zahn weiter
und tut immer mehr weh!
Mach das Maul auf!'
Das Krokodil riß das Maul auf.
Aber nur, um zu reden.
‚Wenn du mir weh tust,
fress' ich dich!'
sagte es zum Zahnarzt Känguruh.
‚Abgemacht?'
Zahnarzt Känguruh nickte.
Das Krokodil
riß das Maul weit auf.

Zahnarzt Känguruh
bohrte und bohrte.
Es war ein großes Loch.
Das Krokodil war viel zu spät
zum Zahnarzt gegangen.
Es krümmte sich vor Schmerzen
und stöhnte.“

15. Kapitel

„Ich bin schon fertig
mit dem Bohren“,
sagt Doktor Mader zu Peter.
Peter staunt.
„Hat kaum weh getan“,
sagt er.
„Und wie geht die Geschichte
weiter?“
Herr Ackermann weiß nicht weiter.
Doktor Mader fährt fort:
„Als Zahnarzt Känguruh
in einem großen Eimer
die Füllmasse
für den Krokodilzahn anrührte,
sagte das Krokodil:
‚Du hast mir verflixt weh getan.

Versprochen ist versprochen!
Jetzt fresse ich dich!‘
Zahnarzt Känguruh
begann zu zittern.
Er wollte Zeit gewinnen und sagte:
‚Aber doch nicht gleich, oder?
Ich muß noch den Zahn füllen.
Sonst läufst du weiter
mit dem Loch im Zahn
und mit den Schmerzen herum.‘ “

Doktor Mader hebt Peter vom Stuhl.
„So, Peter“, sagt er,
„dein Zahn ist gefüllt.“
„Schon?“ fragt Peter
und spielt mit Kroko
auf seiner Hand.
„Ja, du kannst gehen“,
sagt die Sprechstundenhilfe.
Peter schüttelt den Kopf.
„Zuerst will ich wissen,
wie die Geschichte
zu Ende geht.
Und Kroko will das auch wissen,
sonst frißt es euch.“
Alle lachen und sehen sich
verlegen an.
„Ich weiß!“
sagt Fräulein Krüger.

„Zahnarzt Känguruh
hatte die rettende Idee.
Er sagte: ‚So, liebes Krokodil,
jetzt ist die Füllung im Zahn.‘
Da sagte das Krokodil:
‚Na gut,
dann fresse ich dich jetzt.‘
Es riß das Maul auf und ging
auf Zahnarzt Känguruh zu.
‚Augenblick!‘ rief der.
‚Du darfst zwei Stunden
nichts fressen.
Sonst hält die Plombe nicht,
und du bekommst wieder
Schmerzen.‘
Dann ist er schnell
im Urwald verschwunden.“

16. Kapitel

„Und du darfst auch
zwei Stunden nichts essen, Peter“,
sagt Doktor Mader.
Peter rennt
glücklich ins Wartezimmer.
Er ruft laut:
„Mutti, Mutti, er hat gebohrt!
Und ich darf zwei Stunden
nichts fressen!“

Als er merkt,
was er da gesagt hat,
hält er sich
schnell die Hand
vor den Mund.
Frau Ackermann und Peters Mutter
schauen sich an und lachen.
Gemeinsam verabschieden sie sich
von den anderen Patienten.
Gemeinsam gehen sie
die Treppe hinab.
Peter und Herr Ackermann
folgen ihnen Hand in Hand.
Kroko auf Peters anderer Hand
rutscht das Treppengeländer
hinab.

Der kleine Bücherbär | **Erster Lesespaß in Farbe**

Die richtigen Bücher für Leseanfänger – die machen Lust aufs Lesen und Weiterlesen.

* Jeweils eine durchgehende kurze Geschichte
* Große, lesefreundliche Druckschrift
* Viele vierfarbige Bilder
* Themen, die Kinder mögen

Alle Titel aus der Reihe »Der kleine Bücherbär« haben 48 Seiten

Jürgen Banscherus
Besuch für Esel Jaja

Achim Bröger
Nickel spielt Lehrerin

Erhard Dietl
Paulas Pechtag

Willi Fährmann
Hamster Leos Geheimversteck

Willi Fährmann
Der Wackelzahn muß weg

Eveline Hasler
Die Schule fliegt ins Pfefferland

KNISTER
Hexe Lilli zaubert Hausaufgaben

Ingrid Kötter
Mädchen sind klasse

Manfred Mai
Und alles wegen Marius
Ausgezeichnet als eines der »Schönsten deutschen Bücher«

Tilde Michels
Gustav Bär geht in die Schule

Jo Pestum
Maja und der Hausaufgaben-Trick

Miriam Pressler
Der schönste Hund der Welt

Anne Steinwart
Hannes läßt die Fetzen fliegen

Ingrid Uebe
Rudi Vampir beißt sich durch

Christa Zeuch
Das Monster in Mamas Schrank

In der Benziger Edition gibt es tolle Bücher für alle Kinder – von den Allerkleinsten bis hin zu den richtigen Leseratten.
Fragen Sie in Ihrer Buchhandlung!

BENZIGER EDITION